INGA
PFANNEBECKER

No Carb
ABENDESSEN

Schlanke
After-Work-Küche:
schnell & supereffektiv

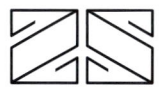

ALLE REZEPTE

AUF EINEN BLICK

Wie bei Mutti, nur besser!

Die meiste Arbeit macht der Ofen!

 Titelrezept

3

IN BALANCE BLEIBEN

Das Schöne an No Carb: Sie können dieses Ernährungsprinzip ganz einfach im Alltag umsetzen. Denn Sie brauchen weder spezielle Lebensmittel noch aufwendige Diätpläne, sondern können sich an ganz normalen Gerichten satt essen. Ob ganz gezielt jeden Tag, um ein paar Extrapfunde zu verlieren, oder ab und zu als Ausgleich nach kleinen Sünden, das liegt ganz an Ihnen.

LOW ODER NO CARB?

Bei einer Ernährung mit wenig Kohlenhydraten (englisch: Low Carb) stammen maximal 30 Prozent der Gesamtkalorien in einem Lebensmittel oder Gericht aus Kohlenhydraten. Die Basis für diese Ernährungsweise ist viel Gemüse, dazu eine gute Portion Eiweiß aus Fleisch, Fisch, Eiern, Milchprodukten, Hülsenfrüchten oder Sojaprodukten. Süßes und stärkereiche Produkte wie Brot, Nudeln, Kartoffeln oder Reis werden gemieden. Bei No Carb sinkt der Anteil der Kohlenhydrate auf maximal 10 Prozent von den Gesamtkalorien und auch einige Gemüse- und fast alle Obstsorten sind aufgrund ihres Anteils an natürlichem Fruchtzucker und Stärke tabu. Das ist besonders für das Abendessen ideal, wenn möglichst wenig Kohlenhydrate für eine optimale Fettverbrennung in der Nacht sorgen. Rund um die Uhr No Carb zu essen, ist dagegen auf Dauer nicht empfehlenswert. Denn durch die Einschränkungen bei der Lebensmittelauswahl können wichtige Nährstoffe wie Ballaststoffe, Vitamine und Mineralien zu kurz kommen.

Wer vor allem abends auf Kohlenhydrate verzichtet, heizt im Schlaf die Fettverbrennung an!

SO FUNKTIONIERT ES

Alle Rezepte in diesem Buch haben einen Kohlenhydratanteil von maximal

10

PROZENT AN DEN GESAMTKALORIEN UND WENIGER ALS

600

KCAL PRO PORTION.

Das macht ohne Verzicht satt, sorgt aber dafür, dass die Fettverbrennung in der Nacht angeheizt wird. Wenn Sie nicht nur in Balance bleiben wollen, sondern etwas mehr abnehmen möchten, sollten Sie natürlich auch den Rest des Tages bewusst Gerichte mit nicht zu vielen Kohlenhydraten und Kalorien essen und sich regelmäßig bewegen.

SO WIRKT'S

Im Gegensatz zu Eiweiß und Fett liefern Kohlenhydrate Energie, die dem Körper sofort zur Verfügung steht. Nehmen wir diese Energie morgens oder mittags auf, können wir sie im Laufe eines aktiven Tages meist noch verbrauchen, ohne dass sie auf die Hüften geht. Je später am Tag es ist, desto weniger bewegen wir uns und desto größer ist die Gefahr, dass die schnelle Kohlenhydrat-Energie nicht verbraucht wird, sondern in Form von Fettpölsterchen gespeichert wird.

ABNEHMEN IM SCHLAF?

Noch ein weiterer Grund macht Kohlenhydrate abends zum Figurkiller: Sie sorgen für die Ausschüttung von Insulin, das als Dickmacher-Hormon die Fettverbrennung blockiert und Heißhunger verursachen kann. Nehmen wir abends möglichst wenig Kohlenhydrate auf, wird kaum Insulin produziert und der Körper kann die lange Esspause in der Nacht optimal nutzen, um sich aus den Fettreserven zu bedienen. So schmelzen die Pfunde quasi im Schlaf dahin. Ein hoher Eiweißanteil im Essen regt die Fettverbrennung zusätzlich an. Denn um Eiweiß abzubauen, muss unser Körper Energie aufwenden. So kommt der Stoffwechsel in Schwung und Sie schalten den Fett-weg-Turbo in der Nacht ein.

BROKKOLISUPPE

mit pochiertem Ei

Eine Suppe, die nicht nur Körper und Seele wärmt, sondern mit pochierten Eiern auch lange sättigt. Getrocknete Tomaten, Olivenöl, Parmesan und Basilikum sorgen für Italien-Feeling.

2
PERSONEN

25
MIN. ZUBEREITUNG

415
KCAL PRO PORTION
26 G EW, 29 G F, 11 G KH

ZUTATEN

1 Zwiebel, 10 g getrocknete Tomaten, 500 g Brokkoli, 1 EL Olivenöl, Salz, Pfeffer, Chiliflocken, 50 g Sahne, 2 EL Weißweinessig, 2 sehr frische Eier (Größe L), 50 g Parmesan (am Stück), 3 Stiele Basilikum

SUPPE KOCHEN

⇒ Die Zwiebel schälen und ebenso wie die Tomaten in feine Würfel schneiden.

⇒ Brokkoli putzen, waschen und in Röschen teilen. Stiel schälen und klein schneiden.

⇒ Das Olivenöl in einem Topf erhitzen, Zwiebel und Tomaten darin andünsten.

⇒ Brokkoli dazugeben und 400 ml Wasser angießen. Mit Salz, Pfeffer und 1 Prise Chiliflocken würzen.

⇒ Alles aufkochen und zugedeckt ca. 8 Min. köcheln lassen. Dann vom Herd nehmen.

⇒ Sahne unterrühren. Suppe mit dem Stabmixer fein pürieren und abschmecken.

EIER POCHIEREN

⇒ Reichlich Wasser mit Essig in einem großen Topf zum Kochen bringen. Hitze reduzieren, sodass das Wasser nur noch leicht siedet.

⇒ Die Eier nacheinander in eine Suppenkelle aufschlagen und vorsichtig ins Wasser gleiten lassen, dabei das Eiweiß etwas über das Eigelb ziehen.

⇒ Die Eier im Wasser knapp unter dem Siedepunkt ca. 4 Min. gar ziehen lassen. Mit einem Schaumlöffel herausheben und auf Küchenpapier abtropfen lassen.

TOPPING DRAUF

Parmesan fein reiben. Basilikum waschen und trocken schütteln, die Blätter abzupfen und in Streifen schneiden. Die Suppe zum Servieren mit Basilikum bestreuen, die pochierten Eier daraufsetzen, den Parmesan darüberstreuen.

THAI-SUPPE

mit Pilzen und Hühnchen

Exotisch-Würziges aus dem Suppentopf kurbelt den Stoffwechsel an und
unterstützt so den No-Carb-Effekt der kohlenhydratarmen Mahlzeit optimal.

2
PERSONEN

25
MIN. ZUBEREITUNG

510
KCAL PRO PORTION
63 G EW, 21 G F, 13 G KH

ZUTATEN

4 Frühlingszwiebeln, 20 g Ingwer, 400 g Shiitake-Pilze, 1 Möhre, 400 g Hähnchenbrustfilet, 1 EL Öl, 2 TL rote Thai-Currypaste, 700 ml Gemüsebrühe, 200 g Cocktailtomaten,
100 ml Kokosmilch, 2 TL Limettensaft, je 2 EL Fisch- und Sojasauce, ½ Bund Koriandergrün

8

SCHNIPPELN ...

➯ Frühlingszwiebeln putzen, waschen und in feine Ringe schneiden. Etwas Grün für die Deko beiseitelegen.

➯ Den Ingwer schälen und in feine Scheiben schneiden.

➯ Die Shiitake-Pilze putzen und je nach Größe halbieren.

➯ Die Möhre putzen, schälen und in kleine Würfel schneiden.

➯ Das Hähnchenfleisch in mundgerechte Streifen schneiden.

> *Keine Shiitake-Pilze bekommen? Man kann auch braune Champignons nehmen.*

... SUPPE KOCHEN ...

➯ Das Öl in einem Topf erhitzen und das Fleisch darin rundum goldbraun anbraten.

➯ Frühlingszwiebeln, Pilze und Möhre dazugeben und unter Wenden ca. 3 Min. mit anbraten.

➯ Zunächst die Currypaste unterrühren, dann die Brühe und den Ingwer.

➯ Alles aufkochen und danach zugedeckt bei schwacher Hitze ca. 10 Min. köcheln lassen.

... UND LÖFFELN!

Die Tomaten waschen, halbieren und in die Suppe geben. Alles ca. 2 Min. weiterköcheln lassen. Kokosmilch unterrühren und die Suppe mit Limettensaft, Fisch- und Sojasauce abschmecken. Den Koriander waschen und trocken schütteln, die Blätter abzupfen und fein hacken. Mit den beiseitegelegten Frühlingszwiebelringen über die Suppe streuen.

ASIA-SALAT

mit Garnelen

Der ideale Salat für milde Sommerabende: Gurke und Papaya sorgen für leichte Erfrischung, Garnelen für eine gute Portion hochwertiges Eiweiß.

2 PERSONEN

25 MIN. ZUBEREITUNG

380 KCAL PRO PORTION
34 G EW, 21 G F, 14 G KH

ZUTATEN

1 Salatgurke, ½ Papaya, je ¼ Bund Minze und Koriandergrün, 1 walnussgroßes Stück Ingwer, Saft von ½ Limette, 3 EL Öl, 1 EL Sojasauce, Salz, Pfeffer, 2 Knoblauchzehen, 500 g Garnelen (küchenfertig, ohne Kopf und Schale), ½ TL Chiliflocken, 2 TL helle Sesamsamen

SALAT, SALAT

⇨ Gurke waschen und mit dem Sparschäler streifenartig schälen. Längs halbieren, entkernen und in dünne Scheiben schneiden.

⇨ Papaya entkernen und schälen, das Fruchtfleisch in kleine Würfel schneiden.

⇨ Die Kräuter waschen und trocken schütteln, Blätter abzupfen und fein hacken.

DRESSING ON TOP

⇨ Den Ingwer schälen und fein reiben. Mit Limettensaft, 2 EL Öl und Sojasauce zu einem Dressing verrühren.

⇨ Dressing mit Gurke, Papaya und Kräutern vorsichtig mischen.

⇨ Salat mit Salz und Pfeffer abschmecken.

Statt Chiliflocken: 1 frische Schote in Ringe schneiden

GARNELEN BRATEN

Knoblauch schälen und in feine Scheiben schneiden. Die Garnelen am Rücken einschneiden und den Darm entfernen, Garnelen waschen und trocken tupfen. 1 EL Öl in einer Pfanne erhitzen, die Garnelen darin unter Wenden 3 Min. braten. Knoblauch hinzufügen und 2 Min. weiterbraten. Mit Chili, Salz und Pfeffer würzen. Den Salat mit den Garnelen anrichten, mit Sesam bestreuen.

11

OMELETT-WRAP

mit Spinat

Die würzige Füllung aus Ajvar-Frischkäse und Schinken wird in ein dünnes Omelett gewickelt und kommt so fast ohne Kohlenhydrate aus – da sind wir zu Recht völlig von der Rolle!

2
PERSONEN

20
MIN. ZUBEREITUNG

305
KCAL PRO PORTION
21 G EW, 23 G F, 4 G KH

ZUTATEN

2 Eier (Größe L), 4 TL Öl, Salz, Pfeffer, 100 g Baby-Spinat, 100 g Frischkäse (4 % Fett), 3 TL Ajvar (Paprikapaste), 4 Scheiben magerer Kochschinken (à 15 g)

DIE OMELETTS

⇨ Eier mit 2 TL Öl verquirlen, mit Salz und Pfeffer würzen.
⇨ 1 TL Öl in einer kleinen beschichteten Pfanne erhitzen, die Hälfte der Eiermasse hineingeben und durch Schwenken der Pfanne darin verteilen.
⇨ Omelett bei mittlerer Hitze ca. 1 Min. braten, vorsichtig wenden und auf der zweiten Seite ca. 1 Min. fertig braten. Auf einen Teller gleiten und abkühlen lassen.
⇨ Die übrige Eiermasse im restlichen Öl auf die gleiche Weise zum Omelett backen und abkühlen lassen.

DIE FÜLLUNG

⇨ Spinat verlesen, waschen und trocken schleudern.
⇨ Frischkäse mit Ajvar glatt rühren, die Masse mit Salz und Pfeffer würzen.

JUST ROLL IT!

Je 2 Scheiben Schinken auf jedes Omelett legen und mit Frischkäsecreme bestreichen. Den Spinat darauf verteilen. Omeletts aufrollen und jeweils diagonal halbieren.

> Für eine Veggie-Variante statt Schinken 100 g Räuchertofu in dünnen Scheiben auf die Omeletts legen.

FENCHEL-CARPACCIO

mit Rucola und Garnelen

Schnell was Feines zaubern: Warum sich nach einem langen Tag nicht mal hin und wieder ein edles Carpaccio mit gebratenen Garnelen gönnen?

2
PERSONEN

25
MIN. ZUBEREITUNG

375
KCAL PRO PORTION
32 G EW, 23 G F, 10 G KH

ZUTATEN

2 Fenchelknollen (à ca. 300 g), 3 EL Balsamico bianco, 2 TL Orangensaft, ½ TL abgeriebene Bio-Orangenschale, Salz, Pfeffer, 4 EL Olivenöl, 400 g küchenfertige Garnelen (ohne Kopf und Schale), 1 Knoblauchzehe, 1 Bund Rucola

FEIN HOBELN

➥ Fenchel putzen, waschen und längs halbieren. Die Strünke keilförmig nur so weit herausschneiden, dass die Knollen noch zusammenhalten.
➥ Fenchel auf dem Gemüsehobel in feine Scheiben schneiden, die Scheiben auf zwei Tellern auslegen.

FIX RÜHREN

Den Essig mit Orangensaft und -schale, Salz und Pfeffer verrühren. 3 EL Olivenöl unterschlagen, die Hälfte des Dressings auf den Fenchel pinseln.

FINAL AUFLEGEN

➥ Garnelen am Rücken einschneiden und den Darm entfernen, Garnelen waschen und trocken tupfen.
➥ Knoblauch schälen, in feine Scheiben schneiden.
➥ Restliches Olivenöl in einer beschichteten Pfanne erhitzen, die Garnelen darin unter Wenden bei mittlerer Hitze ca. 4 Min. braten. Kurz vor Ende der Garzeit den Knoblauch dazugeben und mitbraten. Mit Salz und Pfeffer würzen.
➥ Rucola verlesen, waschen, trocken schütteln und ohne grobe Stiele mit übrigem Dressing mischen. Mit den Garnelen auf dem Fenchel anrichten.

NO-CARB-TABOULÉ

mit Blumenkohl

Taboulé geht auch anders: mit Blumenkohl statt Couscous! Die fein gehackten Röschen bekommen hier durch mariniertes Hähnchen und viele Kräuter eine orientalische Note.

2
PERSONEN

20
MIN. ZUBEREITUNG

465
KCAL PRO PORTION
51 G EW, 23 G F, 13 G KH

ZUTATEN

350 g Hähnchenbrustfilet, 4 EL Olivenöl, 1 TL abgeriebene Bio-Zitronenschale, ca. 3 EL Zitronensaft, Pfeffer, 500 g Blumenkohl, Salz, 1 Msp. gemahlener Kreuzkümmel, 4 Frühlingszwiebeln, 200 g Cocktailtomaten, ½ Salatgurke, je ¼ Bund Minze und Petersilie

INS MARINADE-BAD

Das Hähnchenfleisch in feine Streifen schneiden. Mit
3 EL Olivenöl, Zitronenschale, 2 EL Zitronensaft und etwas
Pfeffer mischen. Kurz ziehen lassen.

OLÉ TABOULÉ!

- Den Blumenkohl putzen, waschen, trocken tupfen und in Röschen teilen. Die Röschen portionsweise im Blitzhacker oder auf der groben Seite der Gemüsereibe auf Couscous-Größe zerkleinern.
- Restliches Olivenöl in einer Pfanne erhitzen und den Blumenkohl darin unter Wenden 3–4 Min. braten.
- Mit 1 TL Zitronensaft, Salz, Pfeffer und Kreuzkümmel würzen. Abkühlen lassen.
- Gemüse putzen und waschen. Die Frühlingszwiebeln in Ringe schneiden. Die Tomaten halbieren. Die Gurke mit dem Sparschäler streifenartig schälen, längs halbieren, entkernen und in dünne Scheiben schneiden.
- Kräuter waschen und trocken schütteln, die Blätter abzupfen, hacken und mit dem Gemüse unter den Blumenkohl mischen. Mit Salz, Pfeffer und Zitronensaft würzen.

FLEISCH BRATEN

Eine beschichtete Pfanne erhitzen und das
Fleisch samt Marinade darin unter Wenden bei
mittlerer Hitze 6–8 Min. braten. Mit Salz würzen
und samt Bratensatz auf den Salat geben.

Taboulé nach Belieben
mit gerösteten Mandel-
blättchen bestreuen.

SELLERIE-TORTILLA

mit Serrano-Schinken

Das kommt Ihnen spanisch vor? Kein Wunder, denn Tortilla und Schinken zählen klassisch zu den Tapas – und mit Sellerie statt Kartoffeln wird die Tortilla ruck, zuck No-Carb-tauglich!

2 PERSONEN

30 MIN. ZUBEREITUNG

345 KCAL PRO PORTION
29 G EW, 21 G F, 11 G KH

ZUTATEN

1 kleine Zwiebel, 300 g Knollensellerie, 1 Möhre, 2 EL Olivenöl, Salz, Pfeffer, 5 Eier (Größe M), ½ TL getrockneter Thymian, 100 g Serrano-Schinken (in Scheiben)

GEMÜSE BRATEN

➡ Die Zwiebel schälen und fein würfeln.
➡ Sellerie und Möhre putzen, schälen und grob raspeln.
➡ 1 EL Olivenöl in einer beschichteten ofenfesten Pfanne (ca. 24 cm Ø) erhitzen und die Zwiebel darin unter Wenden 3 Min. braten.
➡ Sellerie und Möhre dazugeben und alles 2–3 Min. weiterbraten.
➡ 2 EL Wasser hinzufügen und das Gemüse zugedeckt ca. 3 Min. dünsten.
➡ Gemüse mit Salz und Pfeffer würzen. In eine Rührschüssel füllen und kurz abkühlen lassen.

TORTILLA BACKEN

➡ Die Pfanne mit Küchenpapier ausreiben. Den Backofengrill auf 220 °C vorheizen.
➡ Eier verquirlen, mit Salz, Pfeffer und Thymian würzen. Eiermasse unter das Gemüse rühren.
➡ Restliches Olivenöl in der Pfanne erhitzen und die Tortillamasse darin bei mittlerer Hitze ca. 5 Min. stocken lassen.
➡ Die Tortilla in der Pfanne im Ofen (2. Schiene von oben) unter dem Grill 4–5 Min. garen, bis die Oberfläche gestockt ist.

Für eine Veggie-Variante statt Schinken 50 g grüne Oliven dazu servieren.

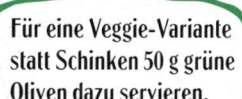

RAUS AUS DER PFANNE

Die Tortilla aus dem Ofen nehmen und kurz abkühlen lassen. Vom Pfannenrand lösen, auf einen großen Topfdeckel oder Teller stürzen und auf eine Platte gleiten lassen. Die Tortilla in Viertel schneiden und die Schinkenscheiben darauf anrichten.

SHAKSHUKA

mit Paprika und Feta

Das israelische Nationalgericht aus Tomatensauce und Eiern hat in der No-Carb-Küche die Nase weit vorn – vorausgesetzt, es gibt kein Brot dazu!

2
PERSONEN

25
MIN. ZUBEREITUNG

415
KCAL PRO PORTION
26 G EW, 29 G F, 12 G KH

ZUTATEN

1 Zwiebel, 1 Knoblauchzehe, 1 grüne Paprikaschote (ca. 300 g), 1 rote Chilischote, 1 EL Öl, Salz, Pfeffer, ¼ TL gemahlener Kreuzkümmel, 1 Prise Zimtpulver, 1 Dose stückige Tomaten (400 g), 4 Eier (Größe M), 100 g Feta, 1 EL gehackte Petersilie

ERST DIE SAUCE

- ⇨ Zwiebel und Knoblauch schälen und in feine Würfel schneiden. Paprika und Chili längs halbieren, entkernen, waschen und ebenfalls klein würfeln.
- ⇨ Öl in einer Pfanne erhitzen und die Zwiebel darin andünsten. Paprika dazugeben und 5 Min. mitbraten. Knoblauch und Chili kurz mitbraten. Mit Salz, Pfeffer, Kreuzkümmel und Zimt würzen.
- ⇨ Tomaten dazugeben, alles aufkochen und ca. 5 Min. einkochen lassen. Mit Salz und Pfeffer kräftig abschmecken.

EIER INS NEST!

- ⇨ Mit einem Essöffel vier Mulden in die Tomatensauce drücken.
- ⇨ Die Eier nacheinander in eine Tasse aufschlagen und jeweils vorsichtig in eine der Mulden gleiten lassen.
- ⇨ Eiweiß mit einem Löffel jeweils etwas über das Eigelb ziehen.
- ⇨ Die Eier zugedeckt bei mittlerer Hitze ca. 6 Min. stocken lassen.

FETA ON TOP

Shakshuka vom Herd nehmen und den Feta darüberbröckeln. Alles zugedeckt noch 1–2 Min. ziehen lassen und zuletzt mit Petersilie bestreuen.

Statt Paprika schmecken auch Zucchini, Auberginen oder Blattspinat in der Tomatensauce.

KÄSESOUFFLÉ

mit Spinat

Keine Angst: Die kleinen Luftikusse sehen nicht nur leicht aus, sie sind auch leicht zuzubereiten. Wichtig ist nur, dass Sie sie direkt aus dem Ofen servieren, damit sie nicht zusammenfallen.

2
PERSONEN

30
MIN. ZUBEREITUNG
+ 20 MIN. BACKEN

465
KCAL PRO PORTION
35 G EW, 34 G F, 6 G KH

ZUTATEN

100 g fein geriebener Bergkäse, ½ Bund Schnittlauch, 3 Eier (Größe M), Salz, 150 g Mager-quark, 1 gehäufter EL Sojamehl (Bioladen), Pfeffer, frisch geriebene Muskatnuss, 1 Zwiebel, 1 Knoblauchzehe, 100 g Baby-Spinat, 1 EL Butter, Chiliflocken, Butter für die Förmchen

GUT IN FORM

Den Backofen auf 210 °C vorheizen. Zwei Souffléförmchen dünn mit Butter ausstreichen. Die Böden dünn mit etwas Käse bestreuen.

SOUFFLÉ ZUBEREITEN

- Den Schnittlauch waschen, trocken schütteln und in feine Röllchen schneiden.
- Die Eier trennen. Eiweiße mit 1 Prise Salz steif schlagen. Eigelbe mit Quark und Sojamehl cremig verrühren.
- Übrigen Käse und Schnittlauch unter die Quarkmasse rühren und diese mit Salz, Pfeffer und Muskat würzen. Eischnee vorsichtig unterheben.
- Masse in die Förmchen füllen. Soufflés im Ofen (2. Schiene von unten) 10–15 Min. backen.
- Die Temperatur auf 225 °C erhöhen und die Käsesoufflés ca. 5 Min. goldbraun fertig backen.

SPINAT GAREN

- Während die Soufflés backen, Zwiebel und Knoblauch schälen und fein würfeln. Spinat verlesen, waschen und trocken schütteln.
- Butter in einer Pfanne erhitzen, die Zwiebel darin andünsten. Knoblauch und Spinat dazugeben und unter Wenden ca. 2 Min. garen.
- Mit Salz, Pfeffer und Chiliflocken würzen.
- Käsesoufflés sofort mit dem Spinat servieren.

23

GEMÜSE-CANNELLONI

mit Tomatensauce

Hier wird die feine Ricottamasse statt in Nudeln in kurz gebratenes Gemüse gefüllt und zusammen mit Tomatensauce überbacken – buono!

2
PERSONEN

25
MIN. ZUBEREITUNG
+ 20 MIN. GAREN

435
KCAL PRO PORTION
15 G EW, 36 G F, 14 G KH

ZUTATEN

1 Zwiebel, 1 Knoblauchzehe, 4–5 EL Olivenöl, 1 TL getrocknete italienische Kräuter,
1 Dose stückige Tomaten (400 g), Salz, Pfeffer, je 1 Zucchini und Aubergine (à ca. 250 g),
½ Bund Basilikum, 250 g Ricotta, frisch geriebene Muskatnuss

ZUERST DIE SAUCE

⇨ Zwiebel und Knoblauch schälen und würfeln.
⇨ 2 EL Olivenöl in einem Topf erhitzen, die Zwiebel darin andünsten. Knoblauch, Kräuter und Tomaten dazugeben und aufkochen.
⇨ Die Sauce offen 10–15 Min. leicht dicklich einkochen lassen. Mit Salz und Pfeffer würzen.

DANN DAS GEMÜSE

Zucchini und Aubergine putzen, waschen, längs in ca. 3 mm dicke Scheiben schneiden und salzen. In einer Pfanne im übrigen Olivenöl bei mittlerer Hitze portionsweise pro Seite ca. 3 Min. braten.

FIX EINGEROLLT!

⇨ Den Backofen auf 200 °C vorheizen.
⇨ Basilikum waschen und trocken schütteln, die Blätter abzupfen und fein hacken.
⇨ Ricotta mit Basilikum glatt rühren, mit Salz, Pfeffer und etwas Muskat würzen.
⇨ Sauce in einer flachen Auflaufform verteilen.
⇨ Je 1 knappen TL Ricottamasse auf die Gemüsescheiben geben und diese einrollen.
⇨ Cannelloni in die Tomatensauce legen, die übrige Ricottamasse als Kleckse daraufgeben.
⇨ Die Röllchen im Ofen (Mitte) ca. 20 Min. garen.

GEFÜLLTE PAPRIKA

mit Tomaten-Gurken-Salat

Ein Klassiker, der mit Feta noch besser und eiweißreicher wird.
Idealer Partner dazu: ein knackiger Salat mit Basilikum-Dressing.

2
PERSONEN

25
MIN. ZUBEREITUNG
+ 20 MIN. BACKEN

470
KCAL PRO PORTION
34 G EW, 32 G F, 11 G KH

ZUTATEN

250 g mageres Rinderhackfleisch, ½ TL edelsüßes Paprikapulver, 1 TL getrockneter Majoran, Salz, Pfeffer, 50 g Feta, 2 grüne Spitzpaprika, 4 EL Olivenöl, 3 Frühlingszwiebeln, 250 g Salatgurke, 200 g Cocktailtomaten, 3 Stiele Basilikum, 3 TL Zitronensaft

DIE FÜLLUNG

⇒ Hackfleisch mit Paprikapulver, Majoran, Salz und Pfeffer gut verkneten.

⇒ Feta in kleine Würfel schneiden. Die Hälfte unter das Hackfleisch kneten.

⇒ Backofen auf 200 °C vorheizen, ein Backblech mit Backpapier belegen.

AB IN DEN OFEN

Paprika längs halbieren, entkernen, waschen und trocken tupfen (Stielansätze nicht entfernen!). Mit der Hautseite nach unten auf das Blech legen und mit Hackmasse füllen. Übrigen Feta darauf verteilen. Mit 1 EL Olivenöl beträufeln und im Ofen (Mitte) ca. 20 Min. garen.

DER SALAT

⇒ Inzwischen die Frühlingszwiebeln putzen, waschen und in Ringe schneiden.

⇒ Die Gurke schälen und klein würfeln.

⇒ Die Tomaten waschen, trocken tupfen und halbieren.

⇒ Basilikum waschen, trocken schütteln, die Blätter abzupfen und fein schneiden.

⇒ Zitronensaft mit restlichem Olivenöl verrühren, mit Salz und Pfeffer würzen.

⇒ Vorbereitete Salatzutaten in einer Schüssel mit dem Dressing mischen.

⇒ Paprikaschoten mit dem Salat servieren.

27

ZUCCHINI-PASTA

mit Halloumi

Das Geheimnis dieses No-Carb-Rezepts sind Konjak-Nudeln: Die aus dem Mehl der Konjakwurzel hergestellten asiatischen Nudeln enthalten kaum Kohlenhydrate.

2
PERSONEN

20
MIN. ZUBEREITUNG

445
KCAL PRO PORTION
20 G EW, 37 G F, 8 G KH

ZUTATEN

1 Zucchini (ca. 250 g); 200 g Cocktailtomaten, 2 EL Olivenöl, 1 EL Basilikum-Pesto (Glas), 2 EL Zitronensaft, Salz, Pfeffer, 200 g Halloumi, 1 Packung Konjak-Nudeln (200 g Abtropfgewicht; im Asienladen auch als Shirataki-Nudeln erhältlich), ½ Bund Basilikum

GEMÜSE UND SAUCE

➥ Die Zucchini putzen, waschen und mit einem Spiralschneider in „Spaghetti" oder mit einem Sparschäler in „Tagliatelle" schneiden.
➥ Die Tomaten waschen und halbieren.
➥ 1 EL Olivenöl mit Pesto und Zitronensaft verrühren, mit Salz und Pfeffer würzen.

KÄSE BRATEN

Halloumi in ca. 1 cm dicke Scheiben schneiden. Eine große beschichtete Pfanne oder Grillpfanne mit dem restlichen Olivenöl ausstreichen und den Käse darin bei mittlerer Hitze auf beiden Seiten ca. 4 Min. braten.

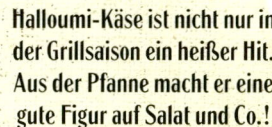

Halloumi-Käse ist nicht nur in der Grillsaison ein heißer Hit. Aus der Pfanne macht er eine gute Figur auf Salat und Co.!

JETZT DIE PASTA

➥ Konjak-Nudeln in einem Sieb kalt abbrausen und in reichlich kochendem Salzwasser nach Packungsanweisung garen, dabei nach 1 Min. die Zucchini dazugeben.
➥ Nudeln in ein Sieb abgießen und abtropfen lassen. Mit Tomaten und Sauce mischen und mit den Käsescheiben auf Tellern anrichten.
➥ Basilikum waschen und trocken schütteln, Blätter abzupfen und auf die Nudeln geben.

29

BROKKOLIAUFLAUF

mit Schinken

Ein echter Ofenhit für Ihre Figur, der mit seiner eiweißreichen Sauce aus fettarmem Frischkäse und dem ballaststoffreichen Brokkoli für ein wohliges Gefühl im Bauch sorgt.

2
PERSONEN

20
MIN. ZUBEREITUNG
+ 25 MIN. BACKEN

495
KCAL PRO PORTION
51 G EW, 25 G F, 17 G KH

ZUTATEN

600 g Brokkoli, Salz, 150 g magerer Kochschinken, 40 g Parmesan, 175 g Frischkäse (4 % Fett), 2 Eier, 75 ml Milch, Pfeffer, frisch geriebene Muskatnuss, 20 g Pinienkerne, Fett für die Form

BRO, BRO, BROKKOLI

⇒ Den Brokkoli putzen, waschen und in Röschen teilen. Den Strunk schälen und in kleine Würfel schneiden.
⇒ Brokkoli in einem Topf mit Wasser bedecken, salzen, aufkochen und 2–3 Min. bissfest garen.
⇒ Brokkoli in ein Sieb abgießen, kalt abschrecken und abtropfen lassen.

WEITER GEHT'S

⇒ Backofen auf 175 °C vorheizen. Eine flache Auflaufform einfetten.
⇒ Schinken in kleine Würfel schneiden, Parmesan fein reiben.
⇒ Frischkäse mit Eiern, Milch und der Hälfte des Parmesans verquirlen. Mit Salz, Pfeffer und Muskat würzen.

Preiswerter: Mandelblättchen statt Pinienkernen verwenden

AB IN DIE FORM

Den Brokkoli in der Form verteilen. Den Schinken darauf verteilen, die Sauce darübergießen und den übrigen Parmesan darüberstreuen. Im Ofen (Mitte) 20 Min. backen. Pinienkerne daraufstreuen, den Auflauf 5 Min. goldbraun fertig backen.

WIRSINGROULADEN

in Tomatensauce

In den Überraschungspäckchen steckt eine herzhafte Füllung aus Hack und Pilzen. Das schmeckt vor allem in der kalten Jahreszeit immer wieder gut.

2
PERSONEN

25
MIN. ZUBEREITUNG
+ 40 MIN. SCHMOREN

335
KCAL PRO PORTION
37 G EW, 17 G F, 8 G KH

ZUTATEN

4 große Wirsingblätter (Außenblätter von 1 Wirsing), Salz, 100 g Champignons, 1 Zwiebel, 2 EL Öl, 300 g mageres Rinderhackfleisch, ½ TL Senf, ½ TL Tomatenmark, 1 Eigelb, 1 EL gehackte Petersilie, Pfeffer, 1 Dose stückige Tomaten (400 g), 1 TL getrockneter Thymian

FÜR AUSSEN ...

Die Wirsingblätter waschen und in kochendem Salzwasser ca. 5 Min. blanchieren. Die Blätter mit dem Schaumlöffel aus dem Wasser heben, kalt abschrecken und trocken tupfen. Dicke Blattrippen flach schneiden.

... UND INNEN

⇒ Die Champignons putzen und klein hacken. Die Zwiebel schälen und in feine Würfel schneiden.

⇒ 1 EL Öl in einer Pfanne erhitzen und die Hälfte der Zwiebelwürfel darin andünsten.

⇒ Pilze dazugeben und unter Wenden ca. 5 Min. kräftig anbraten. Herausnehmen und etwas abkühlen lassen.

⇒ Pilze mit Hackfleisch, Senf, Tomatenmark, Eigelb und Petersilie verkneten. Mit Salz und Pfeffer würzen.

⇒ Masse vierteln, jede Portion zu einer Rolle formen.

DER RICHTIGE DREH

⇒ Auf jedes Wirsingblatt eine Hackrolle legen. Die Seiten der Blätter über der Füllung einklappen, die Blätter aufrollen und mit Küchengarn zubinden.

⇒ Restliches Öl in einem Schmortopf erhitzen und die Rouladen darin rundum kräftig anbraten.

⇒ Übrige Zwiebelwürfel dazugeben und kurz andünsten. Die Tomaten, 50 ml Wasser und den Thymian dazugeben, alles aufkochen und dann zugedeckt bei schwacher Hitze ca. 40 Min. schmoren.

⇒ Rouladen aus der Sauce nehmen. Sauce mit Salz und Pfeffer abschmecken und zu den Rouladen reichen.

KRÄUTERKABELJAU

Easy Cooking: Sanft gedämpft, bleibt der Fisch unter dem Kräuter-Senf-Mantel herrlich saftig und macht sich fast von allein.

2
PERSONEN

25
MIN. ZUBEREITUNG

490
KCAL PRO PORTION
54 G EW, 20 G F, 16 G KH

ZUTATEN

350 g grüne Bohnen, Salz, 2 Frühlingszwiebeln, 50 g Radieschen, 1 EL Weißweinessig, Pfeffer, 4 TL Senf, 3 EL Olivenöl, je ¼ Bund Petersilie und Dill, 2 Kabeljaufilets (à 200 g), 1 Bio-Zitrone, 150 g Magerquark, Mineralwasser (mit Kohlensäure), 1 EL Tahin

SALAT ZUBEREITEN

- Bohnen putzen, waschen, in Stücke schneiden und in Salzwasser 12–15 Min. garen.
- Inzwischen Frühlingszwiebeln putzen, waschen und in feine Röllchen schneiden.
- Radieschen putzen, waschen und in feine Scheiben schneiden.
- Essig, Salz, Pfeffer und 1 TL Senf verrühren. Dann das Olivenöl kräftig unterschlagen.
- Bohnen in ein Sieb abgießen, abtropfen lassen und noch warm mit Frühlingszwiebeln und Radieschen unter das Dressing mischen.

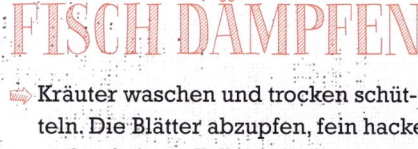

FISCH DÄMPFEN

- Kräuter waschen und trocken schütteln. Die Blätter abzupfen, fein hacken und auf einem Teller mischen.
- Fisch waschen, trocken tupfen und mit Salz und Pfeffer würzen. Auf beiden Seiten mit dem restlichen Senf bestreichen und in den Kräutern wälzen.
- Fisch auf einen Dämpfeinsatz legen und in einem Topf mit wenig Wasser zugedeckt bei mittlerer Hitze je nach Dicke 8–10 Min. dämpfen (er sollte im Innern leicht glasig sein).

DIP ANRÜHREN

Die Zitrone waschen, trocken tupfen und 1 TL Schale abreiben. Zitrone halbieren, eine Hälfte in Spalten schneiden. Aus der anderen Hälfte 1–2 TL Saft auspressen und mit Quark, Mineralwasser, Tahin, Zitronenschale, Salz und Pfeffer verrühren. Fisch, Salat und Zitronenspalten auf Tellern anrichten. Den Dip dazu servieren.

FISCHPFLANZERL

mit Spinatsalat

Mit Mandelmehl statt Semmelbröseln werden Fischklopse zur kohlen-
hydratfreien Zone. Dazu gibt es einen feinen Salat mit Avocado-Dressing.

2
PERSONEN

25
MIN. ZUBEREITUNG

545
KCAL PRO PORTION
50 G EW, 33 G F, 11 G KH

ZUTATEN

400 g Seelachsfilet, ½ Bund Dill, 40 g Mandelmehl, 1 Ei (Größe S), 1 TL Senf, 1 TL abgeriebene Bio-Zitronenschale, Salz, Pfeffer, 2 EL Öl, ½ reife Avocado, 1 Knoblauchzehe, 1–2 EL Zitronensaft, 75 g Naturjoghurt, 100 g Baby-Spinat, 200 g Cocktailtomaten

ERST DER FISCH

➭ Das Fischfilet waschen, gut trocken tupfen und grob hacken.
➭ Den Dill waschen und trocken schütteln, die Spitzen abzupfen und fein schneiden.
➭ Fisch mit Dill, Mandelmehl, Ei, Senf, Zitronenschale und je etwas Salz und Pfeffer gut verkneten.

AB IN DIE PFANNE

Aus der Masse 6 Pflanzerl formen. Öl in einer beschichteten Pfanne erhitzen, Pflanzerl vorsichtig hineinlegen, mit dem Pfannenwender flach drücken und auf jeder Seite 5–6 Min. braten. Auf Küchenpapier abtropfen lassen.

SALAT ZUBEREITEN

➭ Aus der Avocado den Stein entfernen und das Fruchtfleisch aus der Schale lösen. Den Knoblauch schälen und grob hacken.
➭ Avocado, Knoblauch und Zitronensaft mit dem Stabmixer fein pürieren. Joghurt unterrühren und das Dressing mit Salz und Pfeffer würzen.
➭ Spinat verlesen, waschen, trocken schleudern. Tomaten waschen, halbieren. Beides mit dem Dressing mischen. Zu den Pflanzerln servieren.

ZITRONENLACHS

mit Selleriepüree

Ein schnelles Festessen mit feinem Fisch, das mit Kapernbutter perfekt abgerundet wird. Als Beilage gibt es Gemüse- statt Kartoffelpüree, weil sich das nicht auf die Hüften legt.

2
PERSONEN

20
MIN. ZUBEREITUNG

410
KCAL PRO PORTION
45 G EW, 22 G F, 8 G KH

ZUTATEN

600 g Knollensellerie, 3 Stiele Petersilie, 1 Lorbeerblatt, Salz, 2 Lachsfilets (à 175 g, ohne Haut), 1 Bio-Zitrone, Pfeffer, 1 EL Kapern, 2 EL Butter, 60 g Frischkäse (Doppelrahmstufe)

SELLERIE KOCHEN

Sellerie putzen, schälen und in ca. 1 cm große Stücke schneiden. Petersilie waschen und trocken schütteln. Blätter abzupfen, hacken und beiseitelegen. Sellerie mit Petersilienstielen, Lorbeer und Salz in einem Topf mit Wasser bedeckt ca. 20 Min. weich garen.

LACHS DÜNSTEN

⟹ Inzwischen die Lachsfilets waschen und trocken tupfen.
⟹ Zitrone waschen und trocken reiben, etwas Schale fein abreiben und beiseitestellen. Zitrone halbieren, eine Hälfte in Scheiben schneiden, die andere auspressen.
⟹ 3 Zitronenscheiben leicht überlappend in einen Dämpfeinsatz legen. Lachs darauflegen, salzen, pfeffern und in einem Topf mit wenig Wasser zugedeckt 8–12 Min. dämpfen.

DAS FINISH

⟹ Inzwischen die Kapern abtropfen lassen.
⟹ Butter in einer kleinen Pfanne zerlassen und die Kapern dazugeben. Mit 1–2 TL Zitronensaft, Salz und Pfeffer würzen. Zitronenschale und gehackte Petersilie unterrühren.
⟹ Sellerie abgießen, Lorbeer und Petersilienstiele entfernen. Sellerie, Frischkäse und übrigen Zitronensaft mit dem Stabmixer pürieren.
⟹ Den Lachs mit dem Selleriepüree anrichten und mit der Kapernbutter beträufeln.

HÄHNCHENCURRY

Die herrlich cremige Sauce entführt Sie nach Feierabend Löffel für Löffel nach Indien. No-Carb-Clou dazu ist der leichte „Reis" aus Blumenkohl.

2
PERSONEN

25
MIN. ZUBEREITUNG

645
KCAL PRO PORTION
61 G EW, 39 G F, 11 G KH

ZUTATEN

1 Zwiebel, 1 walnussgroßes Stück Ingwer, 400 g Hähnchenbrustfilet, 1 EL Öl, 1 TL Curry-pulver, Salz, 2 EL ungesüßte Erdnussbutter, 200 ml Kokosmilch, 100 ml Gemüsebrühe, ½ Blumenkohl, 1 EL geröstete Erdnusskerne, 2 EL gehacktes Koriandergrün

GUT GEWÜRFELT

➡ Zwiebel und Ingwer schälen und jeweils in feine Würfel schneiden.
➡ Hähnchenbrustfilet in mundgerechte Würfel schneiden.

SANFT GEKOCHT

Öl in einem Topf erhitzen und das Fleisch darin unter Wenden rundherum anbraten. Zwiebel und Ingwer dazugeben und 2 Min. mitdünsten. Currypulver darüberstäuben und kurz andünsten. Mit Salz würzen. Erdnussbutter, Kokosmilch und Brühe dazugeben. Alles aufkochen und 8–10 Min. köcheln lassen, dabei ab und zu umrühren.

GEFÄLSCHTER REIS

➡ Blumenkohl putzen, waschen und in Röschen teilen. Röschen im Blitzhacker oder auf der groben Seite einer Gemüsereibe auf Reiskorngröße zerkleinern.
➡ Blumenkohl mit 3 EL Wasser in eine Pfanne geben, salzen und zugedeckt ca. 3 Min. dünsten. Dann offen ca. 2 Min. weiterdünsten, bis die Flüssigkeit verdampft ist.
➡ Curry mit Blumenkohl-„Reis" anrichten. Mit Erdnüssen und Koriandergrün bestreuen.

SCHNITZELRÖLLCHEN

auf spanische Art

Mit einem Herz aus Manchego und würziger Chorizo kommt Pep ins schlichte Schnitzel. Eine tolle Ergänzung dazu sind die geschmorten Pilze.

2
PERSONEN

30
MIN. ZUBEREITUNG
+ 25 MIN. GAREN

455
KCAL PRO PORTION
55 G EW, 24 G F, 4 G KH

ZUTATEN

400 g große Champignons, 2 Knoblauchzehen, 1 rote Chilischote, 2 EL Olivenöl, 75 g Manchego, 30 g Chorizo, 4 dünne Kalbsschnitzel (à ca. 75 g), Salz, Pfeffer, 2 EL gehackte Petersilie, abgeriebene Schale von 1 Bio-Zitrone, 1–2 TL Zitronensaft

PILZE BACKEN

➯ Den Backofen auf 180 °C vorheizen.
➯ Pilze putzen, von den Stielen befreien
und jeweils mit der Hutunterseite nach
oben in eine ofenfeste Form setzen.
➯ Knoblauch schälen und fein hacken. Chili
längs aufschneiden, entkernen, waschen
und fein hacken. Beides mit 1 EL Olivenöl
mischen. Mischung in die Pilze träufeln.
➯ Im Ofen (Mitte) ca. 25 Min. garen.

SCHNITZEL BRATEN

➯ Inzwischen Manchego mit dem Sparschäler
in feine Späne hobeln. Chorizo pellen, längs
halbieren und in dünne Scheiben schneiden.
➯ Schnitzel zwischen Frischhaltefolie flach
klopfen, salzen und pfeffern. Erst Chorizo,
dann Käse mittig jeweils auf dem oberen
Schnitzeldrittel verteilen. Fleisch seitlich ein-
schlagen, aufrollen, mit Holzspießen fixieren.
➯ Restliches Olivenöl in einer beschichteten
Pfanne erhitzen. Röllchen darin bei mittlerer
Hitze rundum 8–10 Min. braun braten.

ZU GUTER LETZT

Die Ofen-Pilze mit der Hutunterseite nach
oben auf Teller setzen. Die Petersilie mit
der Zitronenschale mischen und in die
Pilze füllen. Die Pilze mit Salz und Pfeffer
würzen und mit je 1 Spritzer Zitronensaft
beträufeln. Die Schnitzelröllchen mit den
Pilzen anrichten.

43

SCHWEINEFILET

mit Chinakohlsalat

Als milder Vertreter der Kohl-Familie harmoniert Chinakohl wunderbar mit
zarten Schweinemedaillons und sorgt für eine gute Portion Vitamin C auf dem Teller.

2
PERSONEN

25
MIN. ZUBEREITUNG

355
KCAL PRO PORTION
39 G EW, 18 G F, 9 G KH

ZUTATEN

½ Chinakohl (ca. 600 g), 3 Frühlingszwiebeln, 50 g Blaubeeren, 30 g Mayonnaise,
je 75 g Naturjoghurt und Buttermilch, 2–3 TL Apfelessig, 1 TL geriebener Meerrettich (Glas),
Salz, Pfeffer, 300 g mageres Schweinefilet, 1 EL Öl

SALAT VORBEREITEN

➡ Den Chinakohl putzen, waschen und in feine Streifen schneiden oder hobeln.
➡ Die Frühlingszwiebeln putzen, waschen und in feine Ringe schneiden.
➡ Die Blaubeeren verlesen, waschen und gut abtropfen lassen.

DRESSING RÜHREN

➡ Mayonnaise mit Joghurt, Buttermilch, Essig und Meerrettich verrühren. Das Dressing mit Salz und Pfeffer kräftig abschmecken.
➡ Das Dressing mit Chinakohl, Frühlingszwiebeln und Blaubeeren mischen.

FILET BRATEN

Das Filet in 6 Medaillons schneiden, diese etwas flach drücken. Mit Salz und Pfeffer würzen. Öl in einer Pfanne erhitzen und die Medaillons darin bei mittlerer Hitze auf jeder Seite 3–4 Min. braten. Kurz ruhen lassen und mit dem Salat servieren.

RUMPSTEAK

mit Ofengemüse

Während das Gemüse im Ofen schmurgelt, bereiten Sie in Ruhe
Fleisch und Sauce zu – entspannter kochen geht kaum!

2
PERSONEN

35
MIN. ZUBEREITUNG

520
KCAL PRO PORTION
59 G EW, 26 G F, 12 G KH

ZUTATEN

1 Zucchini (ca. 250 g), 1 Aubergine (ca. 300 g), 1 Zwiebel, ½ TL getrockneter Thymian, Salz, Pfeffer, ca. 3 EL Olivenöl, 2 Rumpsteaks (à ca. 200 g), 200 g Magerquark,
1–2 EL Mineralwasser (mit Kohlensäure), 2 TL Basilikum-Pesto (Glas)

AB IN DEN OFEN

➠ Den Backofen auf 200 °C vorheizen. Ein Backblech mit Backpapier belegen.
➠ Das Gemüse putzen und waschen. Zucchini in
  ca. 1 cm dicke Scheiben, Aubergine in ca. 1 cm
  große Würfel schneiden. Zwiebel schälen und
  in Spalten schneiden. Auf das Blech geben.
➠ Thymian, Salz und Pfeffer mit 2 EL Olivenöl
  verrühren und mit dem Gemüse mischen. Im
  Ofen (Mitte) 20–25 Min. garen, einmal wenden.

AB IN DIE PFANNE

Inzwischen eine beschichtete Pfanne dünn mit Olivenöl ausstreichen. Die Steaks mit Salz und Pfeffer
würzen und im Öl unter Wenden 6–8 Min. medium
braten. In Alufolie wickeln und kurz ruhen lassen.

Der Clou: würziges Topping mit Pesto

FIX GERÜHRT

➠ Quark mit Mineralwasser und Pesto glatt rühren.
➠ Mit Salz und Pfeffer abschmecken.
➠ Steaks mit Gemüse und Pesto-Quark anrichten.
  Dabei den Fleischsaft aus der Folie über das
  Gemüse gießen.

FRIKADELLEN

mit scharfem Spitzkohl

Auch wer in Balance bleiben will, kann gerne mal Hausmannskost essen: Frikadellen und Kohl sind zwar deftig gewürzt, machen aber trotzdem auf leichte Art satt!

2
PERSONEN

25
MIN. ZUBEREITUNG

370
KCAL PRO PORTION
32 G EW, 21 G F, 13

ZUTATEN

30 g Rucola, 250 g mageres Rinderhackfleisch, 2 EL Magerquark, 1 EL Mandelmehl,
1 TL Senf, ¼ TL edelsüßes Paprikapulver, Salz, Pfeffer, 2 EL Rapsöl, 1 Zwiebel, 1 kleiner
Spitzkohl, 2 EL Ajvar (Paprikapaste), 1 EL Crème fraîche, gemahlener Kreuzkümmel

RAN AN DIE BULETTEN!

- ➡ Rucola waschen, trocken schütteln und ohne grobe Stiele fein hacken.
- ➡ Hackfleisch mit Rucola, Quark, Mandelmehl, Senf, Paprikapulver, Salz und Pfeffer verkneten.
- ➡ Aus der Masse mit angefeuchteten Händen 6 kleine Frikadellen formen.
- ➡ In einer beschichteten Pfanne 1 EL Öl erhitzen, die Frikadellen darin auf jeder Seite 4–5 Min. braten.

KOHL DÜNSTEN

- ➡ Zwiebel schälen und fein würfeln.
- ➡ Spitzkohl putzen, waschen, vom Strunk befreien und in feine Streifen schneiden.
- ➡ Restliches Öl in einem Topf erhitzen und die Zwiebel darin andünsten.
- ➡ Kohl dazugeben und kurz mitdünsten. 1 EL Wasser hinzufügen und alles zugedeckt ca. 5 Min. dünsten.
- ➡ Ajvar und Crème fraîche unterrühren. Mit Salz, Pfeffer und Kreuzkümmel abschmecken.

FERTIG! ⇒⇒⇒⟶

Die Frikadellen mit dem scharfen Spitzkohl anrichten.

Übrig gebliebene Frikadellen schmecken auch kalt mit Salat.

REGISTER

© 2017 ZS Verlag GmbH
Kaiserstraße 14 b
D-80801 München
ISBN: 978-3-89883-641-8

1. Auflage 2017

Projektleitung: Kathrin Ullerich
Rezepte & Texte: Inga Pfannebecker
Lektorat: Karin Kerber
Grafische Gestaltung:
kral & kral design, München,
Julia Arzberger
Covergestaltung: Johanna Höflich
Fotografie: Coco Lang
Foodstyling: Sven Dittmer
Illustrationen: Shutterstock
Herstellung: Frank Jansen
Producing: Jan Russok
Druck & Bindung:
optimal media GmbH, Röbel

Die ZS Verlag GmbH ist ein Unternehmen
der Edel AG, Hamburg.
www.zsverlag.de | www.facebook.com/zsverlag

Just delicious
Einfach zum Verlieben

Ratzfatz
und gesund

Sarah Schocke
Clean Eating Express
€ [D] 9,99
ISBN 978-3-89883-653-1

Die kreativ-bunten Bücher, die jeden zum Kochen animieren.

Schlankes für
zwischendurch

Inga Pfannebecker
Low Carb Snacks
€ [D] 9,99
ISBN 978-3-89883-652-4

Die neue
Kokos-Manie

Tanja Dusy
Coconut Kitchen
€ [D] 9,99
ISBN 978-3-89883-642-5